MW01678767

Résistance au chaos

JORDI VIDAL

Résistance au chaos

Pour une critique du nouvel ordre féodal

IDEM • VELLE

AC • IDEM • NOLLE

ÉDITIONS ALLIA

16, RUE CHARLEMAGNE, PARIS IVe

2002

À Andreïna,
à Thaïs.

© Editions Allia, Paris, 2002.

I. DU CALENDRIER

LE 11 septembre 2001, l'humanité est entrée dans le troisième millénaire. Ce millénaire s'ouvrant brutalement au temps historique ne concerne pourtant, dans sa méthode de datation, que le modèle de civilisation qui a souffert de l'attentat terroriste le plus violent de tous les temps.

L'incroyable diversité planétaire des calendriers traduit une querelle de datations. La naissance d'une religion est toujours confondue par ses sectateurs avec l'origine de l'histoire. La certitude de détenir la vraie mesure du temps signe le véritable usage des calendriers : contrôler la mémoire en écrivant l'histoire. L'enjeu guerrier de cet usage nous informe, sur un mode encore implicite, du conditionnement de l'attentat lui-même. L'âcre fumée qui masque les morts rappelle aussi les mesures conflictuelles d'un même temps et dissimule, de plus en plus mal, la nature sauvage et sanguinaire de l'archaïsme sacrificiel.

L'abaissement religieux de la conscience se donne à voir dans le conflit tribal sur l'écoulement du temps. Où domine la guerre des datations, la pensée religieuse a subordonné le temps vécu au rythme de sa domination spirituelle. Son pouvoir sur la durée et sur l'appareillage mental et technologique de sa mesure assujettit les hommes et les femmes à une vision manichéenne du monde et les emprisonne dans un espace-temps clos. Les dates qui rythment leur histoire et leur quotidien paraissent aller de soi, alors qu'elles sont les signes immanents d'une imposture démiurgique.

La terre que nous foulons est subordonnée au temps religieux. Nous y vivons ou tentons d'y survivre, prisonniers d'une forêt de symboles dont nous ne parvenons plus à déchiffrer la nature archaïque. C'est cet archaïsme qui aujourd'hui, comme une force idéologique bien matérielle, gouverne les conflits du temps présent. La modernité des armements et des techniques de renseignement ne parvient plus à masquer la barbarie primitive du religieux : de très vieux archétypes surgissent au grand jour. Ce temps qui se fait en nous défaisant est dominé par les tristes figures tutélaires de l'exclusion, de l'anathème, de la haine de l'autre et du sacrifice.

La conception d'un écoulement linéaire du temps est un attribut de la société occidentale. Tout a un début, et tout a une fin. L'aliénation religieuse à une "fin des temps" sanctifie a contrario l'écoulement. Le temps de cet écoulement est celui de la domination marchande.

II. DU FÉTICHISME

L'ATTENTAT du 11 septembre affirme l'horreur de la nature barbare et religieuse du monde de la marchandise. Le non-dit qui obscurcit cet attentat est pourtant simple à formuler : la société humaine du nouveau siècle est dominée par le fétichisme. L'islamisme est, temporairement, l'incarnation la plus spectaculaire de cette domination, mais cette incarnation est elle-même dépendante, par sa nature comme par son développement, du fétichisme marchand.

En des temps plus instruits, un théoricien bien décrié aujourd'hui a su démontrer le caractère fétichiste de la marchandise et attaquer de front l'aliénation religieuse. C'est sa méthode qu'il convient d'actualiser. Si Marx subit une telle *omertà*, c'est que notre époque, qui trouve des circonstances atténuantes (stylistiques, sans doute) à un Céline ou un Morand, a tout intérêt à calomnier des hommes comme Marx, Breton, Orwell ou Debord, dont l'intransigeante liberté ne s'embarrasse d'aucun compromis.

La constitution d'une société capitaliste, dite parfois industrielle ou post-industrielle, a légitimé ses pires exactions au nom du progrès. Son culte suggérait un futur toujours plus enviable : il récusait l'illusion religieuse d'un ailleurs hors du monde, en vantant les mérites de ce monde, non comme il était, mais comme il *serait*. Le devenir monde de la marchandise lui tenait lieu de transcendance. Aujourd'hui, les sociétés spectaculaires modernistes tentent de le désavouer, en y substituant un modèle réactionnaire et obscurantiste que Marcel Duchamp aurait pu qualifier de "retard en histoire".

A l'inverse de l'optimisme affiché du mythe du progrès, les sociétés spectaculaires contemporaines ne mettent en scène que des scénarios futuristes terrifiants. Ces sociétés ont développé, dans un strict souci de domination, une approche *chaotique* du futur. Ce devenir chaotique se traduit par une crainte de l'avenir et un rejet de la singularité au profit de la répétition. Puisque l'avenir a fait faillite, il s'agit de modéliser une production marchande sans futur : le langage des marchandises devient liturgique. Ce qui varie à l'infini dans le culte est précisément ce qui reste inchangé. Un tel mouvement, par sa négation réactionnaire du temps historique, revalorise la fonction fétichiste de la marchandise. Les images qu'il met en scène sont nécessairement archaïques : ses icônes deviennent les signes dominants de son hégémonie, et le chaos leur technique de diffusion.

Les luttes contre la mondialisation marchande sont *implicitement* des luttes contre la forme religieuse de la marchandise : son caractère fétichiste, et la nature sacrificielle de sa domination. Le fondement archaïque de la marchandise impose une domination où la richesse de quelques-uns justifie le sacrifice du plus grand nombre : le fondamentaliste de Wall Street, lorsqu'il associe les actions des antimondialistes à celles des islamistes, applique la vieille *chari'a* protestante qui "voue aux gémonies" tous ceux qui ne reconnaissent pas l'essence divine dans la marchandise.

Pendant que, partout sur cette planète, le dogmatisme religieux affronte ouvertement l'Etat “laïc” et tente de le soumettre, la pseudo-critique [1] contemporaine se croit d'autant plus libre et efficace qu'elle sait reconnaître, entre le blanc et le noir, toutes les variétés de gris. Ainsi, loin de s'alarmer de l'effondrement planétaire d'une “certaine idée de la république et de la laïcité”, trouve-t-elle plus intéressant de s'interroger sur un dépassement “spirituel” de l'humanisme. Condamnant avec véhémence et pertinence la politique expansionniste d'Israël, elle condamnera, avec pondération (sur le mode : vu l'histoire de la domination capitaliste comment pouvaient-ils ne pas en arriver là ?), la négation révisionniste de la Shoah dans les pays à forte ou totale domination islamiste. Une nouvelle fois, la pensée dialectique est absente. Est-il donc impossible de condamner, dans un même mouvement, la

1. La pseudo-critique, comble de l'abaissement graduel, est celle qui apprend le langage populaire de la masse et reformule ce jargon grossier en une logorrhée transcendantale, lui donnant ainsi les allures de la langue critique.

politique colonialiste israélienne et l'utilisation par les Etats arabes des Palestiniens comme monnaie d'échange ? Est-il donc illégitime de condamner simultanément la paupérisation du Tiers-Monde par la mondialisation marchande et l'obscurantisme des révoltes tiers-mondistes ? Est-il encore possible de contester aux Juifs le monopole de la douleur (au nom, par exemple des Tziganes), tout en affirmant que le pire ennemi d'un Etat palestinien n'est pas Israël, mais le panislamisme ? A force de tolérer toutes les compromissions, au nom du combat contre les ennemis sionistes et Américains, rien n'empêche de flirter avec l'archaïsme métaphysique, quand ce n'est pas avec l'antisémitisme le plus misérable.

Beaucoup s'interrogent sur le sort de leurs amis musulmans, à Paris, à New York ou ailleurs. Ils ne font que traduire l'incroyable désarroi de la pseudo-critique qui, dans un état de confusion spontané, déclare que l'antiislamisme a remplacé l'anticommunisme. S'il faut comparer, avec le risque permanent de commettre un anachronisme, ce sont plutôt les antimondialistes qui vont faire les frais d'une nouvelle chasse aux sorcières. Les insidieuses campagnes de calomnies qu'ils subissent déjà préfigurent les violentes attaques policières, judiciaires, puis militaires, qu'ils auront à affronter dans un futur proche. En ce XXIe siècle, les sociétés spectaculaires ne peuvent tolérer l'existence en actes d'une alternative historique condamnant la logique de la mondialisation marchande : elles peuvent négocier des marchandises conflictuelles, mais pas le rejet de la marchandise, c'est leur survie qui en dépend. Ceux qui luttent contre la barbarie marchande et l'obscurantisme religieux auront à affronter un ennemi qui utilisera toutes les techniques informatiques, génétiques et policières du quadrillage de l'espace et du temps. Le piège de Gênes en fut la préfiguration. Ce mouvement, qui n'est encore qu'*un mouvement d'opinion*, flou et indéterminé sur son programme et ses moyens, est pourtant ressenti par toutes les sociétés spectaculaires, dans leurs différents modèles continentaux, comme l'alternative progressiste à leur domination *féodale* : quand il fédère les expressions multiples du même refus, il devient le centre vivant de la modernité. C'est parce qu'il est *réellement* dangereux, en présupposant dans son programme l'égalité des hommes et des femmes et le goût de la liberté, qu'il subira les pires attaques dans les décennies à venir, lorsque ce siècle passera de l'ère des conflits locaux à celle de la guerre généralisée.

Il y a de la grandeur chez les militants anti-islamistes de pays où l'intégrisme impose sa dictature meurtrière. C'est au péril de leur vie, *quand bien même ils seraient croyants,* qu'ils s'opposent au fanatisme. Ils savent que leur culture est en danger. Ils savent que la grandeur culturelle "arabe" fut de tout temps une lutte contre le dogme coranique. Et ils se souviennent qu'un jour, cette culture, aujourd'hui si menacée, fut l'unique rempart contre la barbarie et l'obscurantisme chrétiens. Des libertaires ont brûlé des églises en 1936 en Espagne, parce que ces églises étaient, comme aujourd'hui les mosquées et les écoles coraniques de l'intégrisme, les symboles matériels d'une confiscation du pouvoir temporel et politique par le religieux, avec la complicité de l'armée et de l'argent. Intercalée entre les résultats sportifs et les statistiques d'accidentés de la route, qui s'insurge encore contre l'horrifiante litanie des égorgements en Algérie ? Toutes les formes de sociétés spectaculaires peuvent cohabiter, se développer et favoriser l'obscurantisme : le fondamentalisme chrétien qui a aidé George W. Bush à venir au pouvoir est semblable, dans sa pensée et ses moyens, au fondamentalisme islamique. Il est simplement aujourd'hui moins présent massivement. Ce n'est qu'une question de nombre et de temps. La haine qui monte exacerbera l'un pour mieux favoriser l'autre.

Comment peut-on tolérer la mise à mort effrayante des femmes, de leur corps, de leur désir, de leur droit à enfanter et à aimer librement ? Comment peut-on tolérer que l'éducation des enfants soit réduite aux textes religieux ? Comment peut-on tolérer l'inégalité de l'homme et de la femme devant les soins ? Comment peut-on tolérer la polygamie : cette forme dissimulée de l'esclavage ? Comment peut-on tolérer le régime des castes et le mariage forcé des femmes à la naissance ? Comment peut-on tolérer l'infamie qu'engendre partout le pouvoir des religions sous prétexte de tolérance culturelle ? Qu'on se souvienne du déchaînement de la presse capitaliste condamnant et calomniant les violences antireligieuses des libertaires en Espagne pendant la phase révolutionnaire de la guerre civile. Cette presse de charognards ne changera pas : elle ne se remet en cause *qu'après ses méfaits*. En ces temps de lutte elle n'a pas eu un mot, ou bien trop faible et désarmé, pour dénoncer la pauvreté du peuple, l'ignorance entretenue ; pour condamner tous ces morts anonymes, victimes invisibles de l'alliance plusieurs fois centenaire et toujours renouvelée du "sabre et du goupillon". A ceux qui osent parler du dialogue nécessaire entre l'Etat et les religions je réponds, en héritier de la libre pensée, que la religion est une affaire personnelle, un rapport unilatéral, de soi à soi. Il serait bon de ne plus confondre les deniers du culte et ceux de l'Etat : sous peine que très vite le premier ne se différencie plus du second. Si quelqu'un aujourd'hui s'aventurait à proposer une séparation de l'Eglise et de l'Etat, il lui serait sans doute rétorqué par une formule devenue célèbre, et qui, sous sa nuance, cache le plus intransigeant mépris : "Cette question n'est pas d'actualité." Les religions parlent d'autant plus de liberté qu'elles se savent garantes de sa suppression. Au cours d'une période révolutionnaire, que le révisionnisme contemporain a tant décrié, Saint-Just a pu déclarer : "Pas de liberté pour les ennemis de la liberté." Aujourd'hui, on l'accuserait de fanatisme laïque, pour mieux ignorer le monde de l'ancien régime, fait de misère et de mort, qui a nourri sa pensée.

La pseudo-critique, qui réclame à tout propos des réparations financières, parle le langage des marchandises. Elle quémande des subventions pour lutter contre l'esclavage pratiqué il y a trois siècles. Elle mendie des réparations pour les tortures infligées en temps de guerre. Comme si la guerre pouvait être propre ; comme si l'esclavage était un problème de la société occidentale. Elle feint d'ignorer *la relation dialectique qui unit* ces esclaves et ces torturés au sacrifice des Communards parisiens. Cette pseudo-critique contamine ainsi, par la pauvreté intellectuelle de son argumentation, l'aile radicale du mouvement de l'antimondialisation. On assiste au triste spectacle de militants bernés qui cherchent à évaluer et négocier les mérites respectifs des laïques et des religieux. Ils vont ainsi vendre la bonne marchandise musulmane et boycotter la mauvaise marchandise islamiste ; ils vont négocier avec le bon laïque qui comprend "le signe identitaire" du foulard islamique, et ignorer "l'intégriste laïque" qui condamne toute manifestation religieuse dans les institutions de l'Etat.

On peut établir un constat sur la barbarie contemporaine en "interpolant" deux souvenirs personnels. On comprendra très vite que le ridicule du premier anticipe pourtant, d'une certaine manière, l'horreur du second. Lors d'une réunion préparatoire à la naissance de SOS Racisme, l'un de ses membres actifs, qui fit par la suite une brillante carrière, justifia sereinement l'excision comme un fait culturel. Le violent coup de poing qui le fit taire n'empêcha pourtant pas sa misérable carrière politique. En Algérie, à l'université de Constantine, une jeune universitaire donnait son cours, assistée d'une collègue. Avec cette incroyable accélération du temps, que connaissent tous ceux qui ont vécu la violence, la porte de la classe fut enfoncée par plusieurs islamistes armés qui se précipitèrent sur l'enseignante. En quelques secondes, elle fut ceinturée, tête rejetée en arrière, et égorgée. Depuis, la vie de la survivante se résume en peu de mots : la fuite, l'arrivée à Orly, un regard au-delà de l'effroi, une solidarité désarmée, une camisole médicamenteuse. L'égorgement n'est pas un fait culturel.

III. DES RELIGIONS ET DE LEUR CRITIQUE

TOUTES les religions sont ennemies de l'Homme. Qu'elles le combattent au grand jour, sous une forme fondamentaliste, ou dissimulées dans le fétichisme de la marchandise, elles n'ont d'autre ambition que de le soumettre : ce qu'elles lui promettent comme consolation à venir équivaut précisément à ce qu'elles lui retirent de liberté ici et maintenant.

En des temps plus éclairés, la critique radicale de la philosophie idéaliste avait su combattre l'obscurantisme religieux, en remettant les pieds sur terre à la spéculation métaphysique. C'est cette critique qu'il va falloir reformuler et actualiser, en repartant de l'objet matériel de l'aliénation. Je vais à cet effet citer Marx, ce théoricien peu lu et toujours condamné par le révisionnisme historique. Ce révisionnisme qui sait si bien dialoguer avec Dieu, et réfuter l'existence du prolétariat.

La critique des religions est la condition première de toute critique. Le fondement de la critique irréligieuse est celui-ci : l'Homme fait les religions, ce ne sont pas les religions qui font l'Homme. Les religions sont en réalité la conscience et le sentiment propre de l'Homme qui, ou bien ne s'est pas encore trouvé, ou bien s'est déjà reperdu. Mais l'Homme n'est pas un être abstrait, extérieur au monde réel. L'Homme, c'est le monde de l'Homme, l'Etat, la société. L'Etat, la société produisent les religions, une conscience erronée du monde, parce qu'ils constituent eux-mêmes un monde faux. C'est la réalisation fantasmatique de l'essence humaine, parce que l'essence humaine n'a pas de réalité véritable. La lutte contre les religions est donc par ricochet la lutte contre ce monde, dont les religions sont les arômes spirituels et diversifiés.

La misère religieuse est, d'une part, l'expression de la misère réelle, et, d'autre part, la protestation contre la misère réelle. Les religions sont le soupir de la créature accablée par le malheur, l'âme d'un monde sans cœur, de même qu'elles sont l'esprit d'un monde sans esprit. Elles sont l'opium du peuple.

Le véritable bonheur du peuple exige que les religions soient supprimées en tant que bonheur illusoire du peuple. Exiger qu'il soit renoncé aux illusions concernant notre propre situation, c'est exiger qu'il soit renoncé à une situation qui a besoin d'illusions. La critique des religions est donc, en germe, la critique de cette vallée de larmes, dont les religions sont l'auréole.

La critique des religions désillusionne l'Homme, pour qu'il pense, agisse, forme sa réalité comme un Homme désillusionné, devenu raisonnable, pour qu'il se meuve autour de lui et par suite autour de son véritable soleil. Les religions ne sont que le soleil illusoire qui se meut autour de l'Homme, tant qu'il ne se meut pas autour de lui-même.

L'histoire a donc la mission, une fois que la vie future de la vérité s'est évanouie, d'établir la vérité de la vie présente. Et la première tâche de la théorie critique, qui est au service de l'histoire, consiste, une fois démasquée l'image sainte qui représentait la renonciation de l'Homme à lui-même, à démasquer cette renonciation sous ses formes profanes. La critique du ciel se transforme ainsi en critique de la terre, la critique de la théologie en critique de la politique, la critique des religions en critique du spectacle.

Si le spectacle est la religion qui réalise toutes les religions, il est aussi le garant de leur diversité conflictuelle : les haines religieuses qu'il entretient entretiennent en retour la religiosité de sa domination.

IV. DE LA PSEUDO-CRITIQUE EN AMÉRIQUE

LA pseudo-critique qui, en d'autres temps, et sous d'autres noms, affirmait sa crédibilité révolutionnaire en encensant "l'empire maoïste du milieu", tient aujourd'hui les revendications tiers-mondistes pour la forme contemporaine de la lutte des classes. Toute revendication issue du Tiers-Monde lui semble juste, car marquée du signe de l'exploitation capitaliste. Sous prétexte que le monde marchand est effectivement inhumain, toute critique tiers-mondiste de cette inhumanité se trouve justifiée, même si elle se manifeste le plus souvent par des comportements barbares et un écrasement généralisé des femmes. Puisque les diktats de la mondialisation économique sont condamnés, le reste est secondaire et ressort du respect des différences culturelles. Au nom de ce "respect", les franges les plus réactionnaires des mouvements de libération tiers-mondistes, les courants "modérés" de l'islam deviennent les garants d'une orthodoxie de la lutte de classes. En se subordonnant aux revendications tiers-mondistes, la pseudo-critique les sépare du jugement dialectique. Par la bêtise ou la malhonnêteté, elles deviennent l'étalon général de la conscience de classe. Face au "grand Satan" américain, l'unité des luttes qui s'opère sur un tel "respect" ne s'embarrasse pas de détails. Dans son aveuglement idéologique, la pseudo-critique condamne ou glorifie *affectivement* sans jamais exercer une critique *objective*. A la vérité des faits, elle préfère une posture subjective qui réduit à néant ses prétentions. Dans les médias, les pseudo-critiques s'expriment toujours avec l'arrogance du médiatique [1]. Et souvent, sublime circularité de la post-logique, pour qui la vérité et le mensonge sont indifférenciés, l'objet de leur pseudo-critique n'existe que pour les médias. C'est par sa soumission à la post-logique que le médiatique participe à la formulation et au développement du dispositif chaotique.

1. Si l'adjectif médiatique fait référence à tout ce qui concerne les médias et à ce qu'ils transmettent, le médiatique, en tant que nom commun, désigne le spécialiste des médias dans le contrôle, la manipulation et la diffusion massive de l'information.

Il est assurément normal que la pseudo-critique mette en cause le rôle des Etats-Unis dans leur gestion du monde, puisqu'il est devenu presque impossible de faire entendre la moindre objection au leurre de la "démocratie en Amérique". Sa faiblesse n'est pas dans son intention, mais dans son résultat : elle critique un Etat fédéral qui n'existe plus que dans les manuels scolaires. Elle est convaincue que le siège du pouvoir est à Washington, mais elle ignore qui dirige vraiment la Maison Blanche : elle ignore les noms de ceux qui président à son conseil d'administration.

Cette pseudo-critique, qui s'entoure si facilement d'alliés inavouables, s'attaque à l'Etat américain sans comprendre que le développement planétaire d'un nouvel ordre *féodal* lui a réglé son compte : ce qu'elle condamne n'existe plus.

En fait, la complaisance de la pseudo-critique pour les revendications tiers-mondistes est à l'exacte mesure de l'intransigeance dont elle fait preuve envers les Etats-Unis : ne sachant pas reconnaître les intentions cachées des unes, elle ignore le nouveau statut des autres. Les deux sont pourtant solidaires du développement planétaire d'une nouvelle féodalité à la commune barbarie, concentrée ou diffuse.

Les Etats-Unis sont définis aujourd'hui comme la seule superpuissance. Mais de quelle puissance s'agit-il, et surtout, qui la contrôle ? En 1985, dans *Révélations sur l'état du monde*[1], j'ai montré l'effondrement prévisible de l'URSS et le développement planétaire d'un terrorisme tiers-mondiste. Mais j'ai aussi pressenti le mouvement de liquidation de l'Etat fédéral américain. Aujourd'hui, il est arrivé à son terme, et c'est sans doute l'un des secrets les mieux gardés : le dévoiler, c'est prendre le risque de nommer ceux qui contrôlent les Etats-Unis. La puissance qu'on qualifie d'américaine est d'autant plus hégémonique, qu'elle n'a plus besoin de s'en référer à l'Etat fédéral : elle existe en dehors de lui, et ne l'instrumentalise que dans un but propagandiste. Un putsch a eu lieu, répondant aux critères de la domination impérialiste américaine : le secret et le crime.

La société spectaculaire s'est développée sous trois formes. Une forme concentrée : les pays à domination dite communiste (en voie

1. Jordi Vidal, *Révélations sur l'état du monde* (1985), Ed. Dérive 17.

d'extinction), et les pays à domination religieuse (en voie d'extension) et à faible diffusion marchande ; une forme diffuse : les pays "dits" démocratiques et mafieux à forte diffusion marchande ; une forme nouvelle, dite *intégrée* qui systématise un *dispositif chaotique* d'interactions entre concentré et diffus. Cette nouvelle forme qui se développe à l'aube du XXIe siècle cherche à faire cohabiter une circulation marchande hégémonique (dont cependant le taux de qualité est en baisse tendancielle) et une concentration clandestine et féodale du pouvoir (dissimulé par le discours médiatique). Elle a simultanément besoin d'un pouvoir fort *en dehors de l'Etat*, et, plus traditionnellement, d'une acculturation généralisée du peuple. Pour éloigner le peuple du centre du pouvoir temporel, elle a recours à l'infinie variété des techniques informatiques, génétiques et policières. Rien n'illustre mieux l'obscurantisme qui envahit la planète que le processus de liquidation de l'Etat fédéral américain.

Toute critique des Etats-Unis doit au préalable répondre à la question centrale du pouvoir : qui le détient et comment est-il détenu ? C'est le fonctionnement du système électoral américain qui donne les premiers éléments de réponse. Le médiatique nous informe, sans insister sur le sujet, du discrédit populaire des élections et de taux d'abstention records. Il entérine la victoire d'un représentant en pétrole recueillant 400 000 voix de moins que son adversaire. Il dissimule au mieux un décompte des voix apparentant ces scrutins à ceux des anciennes républiques bananières. Mais ce qu'il cache vraiment, c'est que les électeurs n'ont *pas choisi* leurs candidats. Le mandat électif, qui est la base politique des Etats-Unis, les *représentants* ne le retirent plus du peuple, mais d'un groupe militaro-industriel qui les a sélectionnés, préparés et promus : ils le représentent *officiellement* devant des médias *officieusement* sous son contrôle.

Hier, la mafia soudoyait quelques gouverneurs, aujourd'hui, le complexe militaro-industriel contrôle, sur un mode strictement mafieux, la totalité de l'Etat. La Constitution des Etats-Unis est un leurre qu'on invoque d'autant plus facilement qu'elle est totalement bafouée. La "démocratie en Amérique", c'est la loi des groupes transnationaux : rien de plus. C'est un univers d'une totale opacité, où les "maîtres du monde" contrôlent la circulation monétaire, la circulation des armes, la circulation des informations, le développement de la science, tout en respectant (modernité de la dictature) des réserves écologiques pour les animaux, la presse, le sexe ou la marginalité. Seul un pseudo-critique de renom a pu évoquer sans rire "l'incroyable transparence de la société moderne", et qualifier ceux qui en douteraient encore de malades paranoïaques. Le mensonge sur les Etats-Unis est typique d'une tendance lourde de notre temps : plus la recherche de la vérité y paraît centrale, plus les secrets sont préservés. L'opacité, le secret, le leurre sont les principes actifs de sa tactique historique. Ils couvrent sa stratégie, qui reste et demeure inchangée : le pouvoir, tout le pouvoir.

Aux Etats-Unis, au tout début de la guerre du Golfe, pour obtenir les pleins pouvoirs par un vote consensuel et retourner l'opinion publique, le complexe militaro-industriel a commis un faux grossier : une vidéo tournée par ses services prétendait que de sauvages irakiens s'étaient attaqués à des bébés koweïtiens en couveuses. Dans un discours devenu célèbre, George Bush a scandé le mot *bébé* avec la régularité d'une campagne de bombardements à l'uranium appauvri. Les pleurs de compassion du public américain ne s'adressaient qu'à des victimes virtuelles (les couveuses n'ayant jamais existé). Par contre, il ignore et continue d'ignorer les enfants irradiés d'Irak. On peut dénoncer un faux moins grossier : la diffusion de la cassette des aveux de Ben Laden. Cette fiction construite autour d'un repas est à rapprocher formellement des travaux du "Dogme [1]", à ceci près que la vérité des rendus de l'image, et tout particulièrement du son, est cette fois-ci un travail de très haute technologie. Ici encore, la domination et l'impunité de la post-logique sont effrayantes : elle peut diffuser la vidéo, et admettre que même fausse, elle n'en demeure pas moins excellente. Pour la post-logique, le doute renforce toujours le mensonge.

1. Les *commandements* du "Dogme" rédigés par le cinéaste Lars Von Trier interdisent tout artifice technique lors de la prise de vue et de son. Ce cinéma rigoriste, filmé caméra à l'épaule, n'hésite pas, au nom de sa cohérence théorique, à saboter sciemment l'image et le son. C'est par cet aspect qu'on peut le rattacher à l'anti-cinéma.

V. DU CHAOS ET DE LA FÉODALITÉ

LE mouvement de liquidation du système fédéral américain s'est organisé selon un plan *logique* : développer un dispositif chaotique de type féodal fonctionnant sur l'ignorance, la désinformation et le crime mafieux, afin de rendre invisible et invulnérable le centre réel du pouvoir. Ce dispositif opacifie les centres de décision (impossibilité de consolider les bilans des grandes multinationales) ; il privatise la recherche scientifique, l'enseignement et les institutions gouvernementales ou non-gouvernementales de contrôle ; il tente de réduire le savoir à la seule communication permise : tout ce qu'il finance plus ou moins visiblement, c'est ce qu'il contrôle toujours de manière occulte. On peut mesurer son pouvoir de corruption à la mise en place d'un circuit moderniste d'Argent-Marchandise-Argent pouvant être décliné à l'infini en Argent sale-Marchandise-Argent, ou, Argent-Marchandise-Argent sale. Les techniques du contrôle mafieux deviennent les formes de la politique contemporaine. L'Etat entièrement sous contrôle, on assiste à son dépérissement selon un processus que Marx n'aurait jamais pu imaginer. Cette chronique d'une mort annoncée de l'Etat entérine sa réduction à une forme strictement juridique : le procès a remplacé le vote.

Sublime métaphore, Manhattan est nettoyé avec l'aide de Disney. L'achat par le groupe d'une partie du patrimoine immobilier de Manhattan indique bien le projet : les nouveaux habitants doivent retrouver à New York le même univers aseptisé que celui des parcs d'attractions. De hauts murs de non-droit sont élevés sur le modèle des châteaux forts médiévaux. Si les maîtres du monde sont ainsi à l'abri du peuple, comment ignorer le sort des mendiants, des sans-logis new-yorkais, et comment ne pas s'interroger sur l'assainissement soudain et brutal des métropoles américaines. Ici encore, le secret obscurcit le sort de ces hommes et de ces femmes. Qu'importe que la trace de ces pauvres-là disparaisse ; qu'importe qu'on ne puisse plus accéder aux mécanismes de contrôle économique du pouvoir, puisque les intellectuels de la pseudo-critique ont pour eux, en attendant la future razzia, quelques niches de liberté à géométrie variable, et qu'ils s'en satisfont : triste confort accordé à la servilité et à l'ignorance, dont ils ne mesurent pas le caractère éphémère. Pendant que quelques-uns se gobergent sur une démocratie qui leur permet de parler de tout sans jamais rien changer, les plus nombreux, moins favorisés financièrement, ou sachant moins ruser avec le système, de par leur position de laissés-pour-compte, doivent subir la même aliénation quotidienne, le même abrutissement, la même vulgarité programmée, le même asservissement idéologique, selon des principes pavloviens qui ont fait leur preuve : et l'inondation [1] du laboratoire n'est pas prévue pour demain.

Une réplique européenne de ce "coup du monde" a été donnée par l'Italie ces dix dernières années. Elle a d'abord prétendu nettoyer ses institutions politiques, juridiques, journalistiques, policières, militaires. Puis, soudain, par un détournement de l'opération "mains propres", elle a légitimé "la modernité

1. Si beaucoup de pseudo-critiques aiment à parler des chiens de Pavlov et de ses expériences sur les réflexes conditionnés, ils ont tout intérêt à taire qu'après l'inondation accidentelle du laboratoire, toute trace de conditionnement avait disparu.

et le sens de l'Etat" d'une classe politique qui, après être passée par les juges et la prison, revenait, vierge de tout soupçon, à la nation. En fait, ce détournement réussi, devant des médias aux ordres, fut la victoire de la nouvelle mafia d'affaires s'emparant des hautes sphères de l'Etat. Rien n'a manqué à cette nouvelle falsification : les bons et les méchants. Les bons ont grandi dans l'ombre des méchants. On a jeté quelques cadavres de juges au visage du téléspectateur hébété, un musée a sauté, des repentis se sont mis à table, un premier ministre s'est découvert un passé de mafioso, les anciens services secrets se sont fait sermonner.

Palerme ne sera jamais propre, Berlusconi est réélu.

La nouvelle société mafieuse a réussi en Italie un coup d'Etat légal : son crime est propre. En contrôlant tout ou partie des médias, c'est elle qui édicte des critères de vérité, mais surtout, c'est elle qui possède les armes de la pensée logique. Aujourd'hui, ce que le spectacle montre, c'est ce que le crime organisé *produit* et non ce qu'il *commet*.

Le pouvoir de la société du chaos, le pouvoir de la nouvelle féodalité est profondément liberticide. La suppression préméditée des libertés civiques qu'il organise va de pair avec son projet de liquidation de l'Etat républicain. Cet Etat qui, la plupart du temps ne respectait le citoyen que pour son vote, est trop libre pour lui. Il arrive encore, mais de plus en plus rarement, que le citoyen sache pour qui il vote. Et c'est cette liberté-là qui est en cause. Il ne s'agit pas de supprimer le droit de vote, mais de le rendre virtuel : on pressent ce risque dans le développement, au sein même de l'Etat, d'une série d'instances décisionnaires sans contrôle électif. Les commissions européennes sont comme les sigles monétaristes : plus on en parle, moins ils ont de comptes à rendre.

La société du chaos qui modélise si habilement des mythes, comme celui de la persistance d'une démocratie en Amérique, n'a pas ignoré l'Europe. L'ambition de cette modélisation locale est de ruiner le respect envers le politique, et d'affirmer la primauté et le pragmatisme propre, nécessairement propre, de l'économie : *les nouveaux juges* ont condamné à la prison quelques lampistes, mais épargné avec le plus grand soin leurs donneurs d'ordres. Les maîtres des multinationales ont pu, en toute impunité, préparer l'Europe monétariste, et installer aux commandes une nouvelle génération d'hommes d'affaires instruits selon les codes de la mafia. Pendant cette prise de pouvoir, l'Europe politique subissait les contrecoups de poussées nationalistes, fortement attisées par un regroupement militaro-industriel. Comme au théâtre des armées, ce regroupement effectuait là, en Europe centrale, sa première répétition, mais une répétition meurtrière. Il allait pouvoir épuiser ses vieux armements, tester ses nouveautés technologiques, et faire subir l'épreuve du feu à sa technique "intuitive" – comme l'exprimait si subtilement un dirigeant de transnationale – de contrôle militaire de la planète. On peut mesurer la puissance du dispositif chaotique et l'effondrement de l'Europe politique par le rappel d'un détail passé inaperçu : pendant toute la campagne d'Europe centrale les politiciens européens ont été tenus dans l'ignorance des armes *réellement* utilisées sur *leur* territoire. Ces politiciens ressortent de cette campagne, si subtilement menée, aussi appauvris que l'uranium, mais bien moins dangereux.

Avec l'effondrement de l'Empire soviétique, l'Europe politique n'a pas su profiter, pour son projet d'unification, d'une opportunité historique qui ne se renouvellera plus. C'est à une collective absence d'ambition historique qu'on peut attribuer son incapacité à régler, *en son seul nom*, les conflits nés sur son sol. L'Europe politique n'a jamais pu imposer sa diplomatie en Europe Centrale et en Europe de l'Est, ni combattre la corruption à l'Est comme à l'Ouest : elle ignore que cet échec, qu'elle revendique encore comme une victoire, la rend inoffensive pour la société du chaos. Aujourd'hui, chaque mesure qu'elle prend dans l'urgence, acculée par les médias, est toujours prise à contretemps. Elle ne prévoit plus, mais survit, au jour le jour, confrontée au déferlement incessant du paradoxal et de l'insolite, de l'incompréhensible et du mystérieux qu'entretient le dispositif chaotique dominant. Un tel dispositif ne laisse aucune chance à la classe politique européenne : ce qu'il désorganise est précisément ce qu'il contrôle le mieux, et l'incertitude est la matière même de sa pratique. Face à une stratégie qui fait de la *dissipation* une technique de guerre, les décisions des politiques sont de moins en moins dictées par la raison, mais de plus en plus par une peur teintée de superstition. On verra ces politiques, désorientés par le catastrophisme *ambigu* qui entoure la vache folle et la tremblante du mouton, faire dresser d'immenses bûchers à la moindre épidémie de fièvre aphteuse. Ces feux sacrificiels illuminent la nuit européenne. Des milliers de bovins et d'ovins sont ainsi purifiés par le feu, faisant remonter de l'inconscient collectif d'autres terrifiants et archaïques embrasements.

L'Europe politique s'est perdue en abandonnant le savoir à des transnationales pour qui l'instabilité et l'incertitude, la surenchère et la terreur sont les fondements théoriques de leur contrôle sur la société. C'est justement en ce point que réside la forme d'invisibilité du dispositif chaotique. On peut cependant établir des liaisons dialectiques entre certains discours énigmatiques et quelques faits effrayants ; par exemple, entre l'accélération des mutations virales, bactériennes ou protéiques et le verbiage de la techno-science sur le devenir d'une médecine guérissant, dans un très proche futur, toutes les maladies. On peut établir d'autres relations logiques entre l'effondrement de l'institution sanitaire aux Etats-Unis et en Europe et l'apparition d'une tendance de la techno-science qui, par une perversion de la logique, veut imputer l'origine de la misère aux gènes et non à l'exploitation. On peut suggérer que la réponse apportée par la société du chaos à la gestion des conflits s'apparente à un *dispositif mathématique expérimental* dont la sécheresse des résultats n'est pas redevable des morts. On peut encore signaler que, loin de toute génétique, certains secteurs très spécialisés de l'économie et de la politique pratiquent depuis longtemps une forme performante de clonage. On peut, pour finir, conseiller à la classe politique européenne de méditer sur la fonction hégélienne de la synthèse, cette *mise en perspective historique de la décision*, qui est devenue la propriété exclusive des maîtres de la société du chaos.

Quelque chose s'est brisé dans la logique capitaliste Argent-Marchandise-Argent. Pour produire de l'argent, l'incarnation marchande est devenue un prétexte. L'investissement n'est plus une nécessité mais un choix stratégique. La logique monétariste rend l'entreprise abstraite : elle existe principalement comme lieu spéculatif. Une multinationale accumule l'argent comme elle blanchit l'argent sale : par principe.

La gestion mafieuse du monde qu'induit le monétarisme conteste aux politiques qui échappent à son contrôle leur rôle de défense des intérêts nationaux et locaux. En exerçant leur mandat, ce que ces politiques défendent encore, c'est la capacité de la collectivité à investir à l'échelon local comme national. Pour un monétariste, l'intérêt local n'existe pas, et l'intérêt national n'est pour lui qu'un intérêt local élargi. Son seul souci, c'est la libre circulation de l'argent et le renforcement du pouvoir totalitaire et occulte qu'il assure. Sa volonté de contrôler par tous les moyens la société du chaos exclut toute idée de gestion locale. Son accumulation monétaire retire aux citoyens toute idée de partage ou de distribution. Que la planète se réchauffe, n'est, pour le monétariste, qu'un "détail", qu'il pense pouvoir régler en son temps, mais à son seul profit. Que la majeure partie de l'humanité ne mange pas à sa faim, n'ait pas accès à l'eau ni aux soins ni à l'éducation ; que partout l'enfance soit livrée à la plus sordide des prostitutions (avec la bénédiction des groupes transnationaux) ; que la faim et l'ignorance arment des enfants dans des conflits barbares, racistes et religieux, mais toujours *contrôlés* ; que les épidémies soient réservées à ceux qui n'ont aucun pouvoir d'achat ; que partout sur cette planète les maîtres de la société du chaos engendrent de la souffrance et de l'humiliation ; que partout la mort le dispute à l'injustice, n'est pour le monétariste que l'indication d'un futur conflit : lorsqu'une nouvelle fois, et sous une nouvelle forme barbare, cette détresse aura armé sa haine et qu'il faudra l'écraser militairement.

L'extrême cynisme qui domine la gestion mafieuse de la société se mesure dans la violence des attaques subies par la classe politique occidentale. Ceux qui tombent sous le coup d'affaires sont le plus souvent remplacés par des hommes et des femmes “aux ordres”. La presse n'échappe pas à ce processus : ce qu'elle dévoile par son travail de recherche se retourne contre elle. Comme le faisait remarquer amèrement un ancien journaliste d'investigation : “Il n'y a plus de journalistes d'investigation dans les médias officiels contrôlés par de grands groupes économiques. Les nouvelles affaires qu'ils découvrent sont le plus souvent suspectes…”

On ne signalera jamais assez le poids de la drogue dans la transformation du circuit

A-M-A. Et, qu'on y songe bien, la circulation planétaire de l'argent de la drogue va de pair avec la mise en place des premiers réseaux virtuels. Ce n'est pas une coïncidence. La faillite de la valeur d'usage est l'indice d'un crime plus général. Aujourd'hui, une action boursière est aussi abstraite et concrète qu'un kilo de pavot raffiné. Leurs plus-values sont semblables : elles sont criminelles.

La gestion chaotique d'une crise virtuelle de l'économie, qui n'est qu'une mutation de la circulation marchande, condamne à la misère *assistée* la plus importante partie de la population des pays dits “riches”. Cet assistanat se manifeste d'abord par une surconsommation médiatique mais rarement par une aide financière proportionnée à la richesse générale. Pour le prolétariat des sociétés occidentales, la misère est criante et l'argent se fait rare, mais les médias rayonnent. Les aides octroyées aux miséreux les maintiennent de toute façon en dessous du seuil de pauvreté. Pour dire crûment les choses, la faim est revenue. Mais, a contrario de toute raison, l'économie liberticide insiste sur la générosité de son assistance. Moins elle en donne, plus elle le rend public. Plus l'écart entre riches et pauvres s'aggrave, plus elle désigne du doigt les déshérités (renversant les paramètres logiques) comme responsables d'une crise qui saperait les fondements de cette économie. Ceux qui n'ont plus rien, hormis, selon les termes implacables de Lassalle, la faculté de se reproduire, sont désignés comme responsables d'une situation qui les condamne simultanément à la pauvreté aggravée et à la mortification... La crise dont on les accuse est virtuelle. Elle n'existe que dans le discours médiatique. Elle est la technique de désinformation utilisée par les stratèges de la société du chaos pour supprimer les libertés et augmenter les bénéfices. Et c'est ce discours, qui fait de la misère une conséquence de la misère et non de l'exploitation, que consomment sous un flux continu d'images mensongères les citoyens appauvris des pays dits "riches". Un degré supérieur dans l'infamie a été atteint lorsque, après le 11 septembre, des présidents et des ministres fantoches ont exhorté ceux qui subissent les privations les plus grandes et sont les plus exposés aux risques terroristes à consommer davantage pour soutenir un ordre féodal qui les rend totalement esclaves.

Ces citoyens en fin de droits – majoritaires dans les sociétés occidentales – rejoignent la cohorte des gueux du Tiers-Monde. Les seconds ont le désir et la haine d'un modèle spectaculaire que le *prime time* télévisuel leur assène quotidiennement, et qui n'est, le plus souvent, qu'une apologie de la vulgarité satisfaite et complaisante ; les premiers n'ont plus, sur un mode qui surprendrait Pessoa, que le regret de la nostalgie. Du spectacle, les deux n'ont connu qu'une image, qui cache et produit en retour leur commune exploitation.

La société du chaos, qui *dissimule* son fonctionnement par un usage systématique des sigles, a inventé le FMI. Quelques lettres anodines cachent une infinité de fonctions. Il est apparemment chargé de gérer les échanges internationaux et les équilibres monétaires. On l'utilise surtout pour gérer la crise de la dette, et pour cautionner le leurre d'une crise de l'économie.

Sous sa forme pratique, le FMI est un nouveau piège logique. Il n'existe que par sa fonction, mais sa création est *aussi* celle de cette fonction. En créant le FMI, on a créé l'idée de la régulation monétaire, on en a créé la nécessité. Certains formuleront la chose différemment, et affirmeront qu'il y a eu deux FMI ; l'un créé en 1944 et l'autre, plus récent mais bien plus efficace, venu se confondre avec le premier dans l'opacité du sigle.

Le FMI a donc plusieurs missions apparentes mais une seule finalité. Nous vivons une crise virtuelle de l'économie : et le FMI, comme leurre, est l'agent de cette modélisation. Selon le dispositif chaotique, le FMI dénonce des détails subalternes en ne les traitant pas, pour mieux dissimuler le sujet de sa mise en scène d'une économie *de crise*. Il réclame les intérêts d'une dette particulière à un Etat du Tiers-Monde, et donne un bon point médiatique à un autre ; il encourage certains, pour mieux les décourager brutalement ; il supprime la dette de l'un, pour mieux aggraver celle de l'autre. Mais il cherche surtout à taire que ses maîtres affrontent *militairement* le Tiers-Monde, partout où ce dernier, sous la forme d'une idéologie de substitution, tente de parler à son seul profit le langage de la barbarie.

Ce ne sont pas le FMI et les instances monétaristes qui interviennent directement dans les conflits en cours, mais ceux qui les animent, ceux qui s'agitent dans leur ombre : les manipulateurs de leur image virtuelle ; ceux qui savent que l'ONU est désactivée par le nouvel ordre féodal ; ceux qui connaissent les arborescences de la scène monétaire ; ceux qui peuvent blanchir l'argent de la drogue et en contrôler la production et la distribution ; ceux qui peuvent armer et désarmer Saddam Hussein ; ceux qui peuvent négocier le sort des Palestiniens et composer avec les mafias russe et chinoise ; ceux qui peuvent financer les Talibans – au nom du pétrole – et produire en série des clones de Ben Laden ; ceux qui peuvent utiliser des armes à l'uranium appauvri en Irak ou en Serbie et condamner les Kurdes ; ceux qui peuvent laisser crever les enfants irakiens et flatter la dictature pakistanaise ; ceux qui peuvent laisser pourrir les "cités" et privatiser l'enseignement ; ceux qui peuvent empoisonner la planète et uniformiser tous les goûts et toutes les saveurs ; ceux qui peuvent jouer avec les gènes comme ils jouent à la bourse et envisager secrètement un retour de l'*eugénisme*.

Les créanciers des Etats-Unis ne connaissent pas de frontières. Ils sont parfois Américains. Cela importe peu. Dans un monde paranoïaque, le crime organisé renvoie toujours au *Testament du docteur Mabuse* de Fritz Lang. Le réseau criminel appelle un centre symbolique. Le crime a toujours besoin d'une cohérence centrale. Cette cohérence, ce sont les organisations monétaristes, qui n'existent que par leurs sigles, qui la lui apportent. Le remboursement métaphorique de la dette des Etats-Unis justifie le maintien ou l'allégement de celle du Tiers-Monde. C'est parce que personne ne songe à faire rembourser les Etats-Unis autrement que par des mises en scène guerrières qu'il est possible à la nouvelle féodalité militaro-industrielle d'effacer à sa guise, partie ou totalité de la dette du Tiers-Monde. L'effacement d'une dette renvoie à la soumission mafieuse : on baise toujours l'anneau du pouvoir. C'est ainsi que se régénère la société du chaos.

Depuis plusieurs décennies, les Etats-Unis vivent au-dessus de leurs moyens. Cela s'est d'abord traduit par le développement d'une classe moyenne, devenue l'archétype du consommateur planétaire – obésité et boulimie de l'inutile –, puis par l'élargissement du fossé séparant les riches et les pauvres.

La démocratie américaine est une fiction. Aux Etats-Unis cohabitent toutes les nuisances de l'époque : argent sale, puissance mafieuse, monétarisme incontrôlé, pauvreté tiers-mondiste et richesse éhontée, manipulations génétiques, pollution exponentielle, intégrisme aveugle... Mais la fiction de la démocratie américaine est nécessaire au mode de remboursement spécifique de sa dette : les armes. L'armée américaine est devenue l'équivalent moderne et à grande échelle du Condottiere qui faisait la guerre pour le prince le plus offrant. Aujourd'hui, il n'y a qu'un seul prince et le Condottiere *n'a plus le choix*. Les Etats-Unis sont dotés de l'armée la plus moderne, technologiquement, et la plus *soumise*. Ils sont les Condottieri d'un groupe militaro-industriel qui commande par sigles. Ils guerroient pour le compte de leurs maîtres : avec la garantie morale du FMI.

On veut toujours nous faire croire qu'il y a une super-puissance qui contrôle, avec plus ou moins de succès, la planète. Des séries télévisuelles guerrières produites par CNN et ses clones tentent de nous en convaincre. On nous montre une armée et une bannière étoilée. Il semble que les morts sur l'écran soient de vrais morts. Mais les soldats à la bannière ne sont pas ce qu'ils pensent être. Ils ignorent pour qui ils se battent. Ils pensent se battre pour les Etats-Unis, peut-être chantent-ils, comme dans l'admirable *Full Metal Jacket* de Stanley Kubrick : "M.I.C.K.E.Y M.O.U.S.E, Mickey Mouse, brandissons notre bannière !", peut-être... Mais à qui appartient Mickey Mouse ? A qui appartiennent les grands réseaux médiatiques ? Ils sont virtuellement américains. Des soldats se battent. Leur bannière étoilée est une image de synthèse en plus, une nouvelle falsification. Peut-être ignorent-ils – mercenaires naïfs – l'existence des sigles de l'économie mafieuse. Ils se battent, tuent et meurent en brandissant la bannière de la nouvelle féodalité, en ignorant l'incroyable partie d'échecs dont ils ne sont que des pions. Banale chair à canon.

La gestion mafieuse est occulte. Tout se passe dans l'ombre, et cette ombre est propice à tous les simulacres, à toutes les productions schizoïdes, à toutes les interprétations paranoïaques. La gestion mafieuse rappelle la tradition des Deux Cents Familles. On sait leur rôle pendant la Première Guerre mondiale. Certains considèrent qu'elle fut leur invention : une façon d'en finir avec une crise sociale endémique. Face à une vague d'agitation prolétarienne sans précédent, les grandes familles capitalistes européennes financèrent une guerre mondiale pour ne pas devoir affronter une révolution. On peut être sceptique sur cette interprétation souterraine de l'histoire. On peut aussi tracer des parallèles avec la situation présente, non plus à l'échelle européenne, mais bien mondiale. On peut aussi méditer sur le sort des "cités" et sur la campagne d'Afghanistan, et s'interroger sur le devenir de la Chine.

L'eau douce a été de tout temps l'obsession du despotisme oriental. De leur capacité à la réguler, des dynasties sont nées et d'autres ont été balayées. Aujourd'hui, cette interrogation régionale est devenue celle de la planète entière : le manque prévisible d'eau douce au cours du XXIe siècle prêtera à la société du chaos certains traits orientaux. Les plus attentifs à leur époque soupçonneront la mise en œuvre d'un dispositif chaotique, lié au contrôle de la circulation de l'eau douce, du pétrole et de l'information, dans la mise en place d'un cordon sanitaire autour de la Chine, sous le spécieux prétexte d'une campagne contre le terrorisme islamique. On imagine sans peine que ce libre écoulement des fluides participe d'une offensive plus générale, dont on ne peut, aujourd'hui, déterminer tous les enjeux de *façon certaine*. On ignore encore quelle sera sa tactique : "l'emploi des forces dans le combat pour atteindre la victoire", et on ne peut que spéculer sur sa stratégie : "l'emploi des victoires pour atteindre les objectifs de la guerre". Mais, en reliant certains signes très discrets, certains comprendront que le groupe militaro-industriel s'est attaqué à la Chine, non pour la coloniser, mais pour *la convertir*, selon l'exemple de sa prise de pouvoir dans l'ex-empire soviétique. Si cette attaque est décisive pour l'avenir du nouvel ordre féodal, rien n'en garantit l'issue. Comment s'effectuera la transition en Chine ? Le dispositif chaotique à une telle échelle peut-il supporter les risques d'entropie ? La cohabitation à la chinoise d'une mafia performante et d'un pouvoir spectaculaire concentré laisse présager une société spectaculaire de type intégré. Mais la Chine n'est pas la Russie. Le culte des ancêtres n'est pas le christianisme. L'argent-dieu ne nie pas une identité chinoise sans prix. L'incroyable pouvoir d'inertie de la masse chinoise n'exclut pas la plus incontrôlable des turbulences. Le XXIe siècle dépendra très largement de la réponse à une seule question : la Chine participera-t-elle à la nouvelle féodalité, et, sous sa version orientale, glorifiera-t-elle les seigneurs de la guerre et légitimera-t-elle la toute puissance des mandarins ?

Si le développement du nouvel ordre féodal est unitaire, il n'implique pas pour autant l'égalité de ses participants, et confirme souvent le rôle de la bêtise dans l'histoire. Sa forme contemporaine reproduit les archaïques rapports de vassalité. Et comme en d'autres temps, il est parfois difficile d'interpréter le choix de certaines alliances plus ou moins secrètes, ou de reconnaître chez certains vassaux la présence d'un maître qui se dissimule. Les conflits féodaux sont toujours visibles, mais, la plupart du temps, obscurcis. Ainsi en est-il de la fraude électorale à grande échelle lors du dernier scrutin présidentiel américain, qui a traduit la victoire des pétroliers sur les "nouvelles technologies" et anticipé leur contrôle des "valeurs de la nouvelle économie". A quel prix était l'allégeance de Microsoft ? Dans ce monde féodal, les combats ne sont jamais feutrés ni invisibles, c'est leur sens qui est caché. Ainsi en est-il du combat que livrent la Russie mafieuse et le groupe des pétroliers aux Etats de l'OPEP : tout se fait au grand jour, mais seuls des fragments inexplicables ou incohérents sont livrés aux médias. Selon le schéma "mabusien", l'incohérence des interventions sert une cohérence programmatique.

La société du chaos règne par la terreur en gérant le mythe de la terreur. Pour elle, ce mythe est celui de Frankenstein. Partout la créature semble se venger de son démiurge créateur, et partout cette revanche n'est qu'un *simulacre de plus*. L'avalanche de simulacres renforce la crainte d'une éventuelle vengeance. La société du chaos fonctionne sur l'entretien mensonger de la terreur ; elle gère et attise le désordre, l'effroi, la crainte religieuse, la panique sociale, la haine raciale, pour mieux affirmer son contrôle liberticide. Le cynisme de sa pratique nous informe sur son projet idéologique : celui d'un pouvoir seigneurial et *sans partage*. En cela, la société du chaos ignore les tourments de la morale bourgeoise qui revendiquait des valeurs au nom de la valeur. La société du chaos n'a pas de valeurs : elle se contente de les mettre en scène. La conscience bourgeoise, était torturée par des contradictions héritières d'une morale judéo-chrétienne. Le capitalisme protestant est significatif à cet égard. Qu'est-ce qui s'incarne dans le circuit A-M-A ? La société du chaos manipule des conflits religieux, sociaux, raciaux, culturels, mais ne s'y implique pas. Elle les gère comme des marchandises interchangeables : son énergie, l'énergie monétaire, ignore les états d'âme. Elle n'est pas sans rappeler un univers familier à la science-fiction : une société dégradée, une faillite de la culture, une décadence barbare cohabitent avec une haute technologie aux mains de castes plus ou moins secrètes. On retrouve cette thématique dans les œuvres de Leiber, Van Vogt, Delany ou Vance… Lorsque le centre disparaît, le Moyen Age revient. La subordination de la société du chaos au fétichisme marchand se traduit alors en des termes redoutables ; ce qui s'incarne en elle est de nature *démiurgique*, elle se situe au-delà du bien et du mal. Ce que sa caste de scientifiques contrôle de modernité va de pair avec ses appels à la guerre sainte. Mais le 11 septembre est venu lui rappeler une vérité toute simple : le dispositif chaotique génère, comme tous les autres dispositifs, des puissances d'autodestruction, et il advient que la créature enchaînée échappe à tout contrôle.

VI. DES NOUVELLES FORMES DU LANGAGE ET DU MENSONGE

LA génération dite morale qui occupe la scène médiatique est précisément amorale par son acceptation passive de toutes les falsifications spectaculaires. Elle accepte et authentifie tous les mensonges. Ce qu'elle découvre de scandales dissimule toujours la vérité. Elle parle d'éthique pour justifier l'interventionnisme des stratèges multinationaux de la société du chaos.

Certains mots perdent leur sens et sont dévitalisés. D'autres reviennent sur le devant du spectacle, mais détournés, et la plupart du temps, aseptisés. Couverte par la nébuleuse multinationale des sigles, une terrible bataille est livrée, dont le sens des mots est l'enjeu, et au cœur des mots, la mise à mort de la dialectique : la pensée de l'histoire. On essaye de nous imposer des mots à l'abri du négatif. Nous assistons à une tentative planétaire de glaciation de l'histoire et de pétrification de la pensée. La volonté de faire accepter à la population mondiale les principes de l'économie liberticide comme les seuls viables domine cette corruption des mots. Ce monde, devenu de plus en plus inhumain, cache sa nature par l'usage systématisé d'une nov-langue où le vocabulaire de l'exploitation est escamoté au profit de celui d'une apparente rationalité économique. Cette nov-langue, qui est un attribut de la pensée post-logique, tire sa force de la séparation qu'elle opère entre la chose et sa représentation. Lorsque le langage se sépare du réel, le réel ne peut plus être reconnu dans les termes du langage dominant. Lorsque le langage ne permet plus de nommer la misère, la critique de la misère se trouve désarmée. La post-logique n'accorde aucun intérêt à la cohérence des faits et à leur vérité. Leur manipulation seule la concerne.

Cette distorsion sémantique, où les mots n'analysent plus mais déforment le réel, est bien illustrée par les fameux “médecins du monde” dont la première fonction a été de mettre en scène leur présence, et la seconde, plus discrète, car jouant sur un mensonge plus dangereux, de donner un sauf-conduit à une des formes modernes de l'impérialisme : l'ingérence humanitaire. On peut faire remonter le développement hégémonique de cette pratique au Biafra de 1966. Une aide humanitaire peut masquer les intérêts d'un groupe pétrolier, mais ne peut dissimuler un retour du colonialisme. Jusqu'ici les "Noirs" n'étaient que des sauvages, on leur accorde enfin un droit : celui de s'entre-tuer. Le Rwanda n'est plus très loin, ni son effroyable génocide. Ces étranges médecins amènent parfois des médicaments et des vivres, mais toujours de la désinformation. Partout où le nouveau colonialisme s'étend, on les retrouve en éclaireurs. Ce qui les pousse à "s'ingérer" n'est jamais dicté par la stricte raison humanitaire, mais par un système affectif complexe où, se voulant juge et partie et se pensant les maîtres de leurs choix, ils sont plus souvent manipulés que manipulateurs. En Somalie, la caméra humanitaire a évité le Nord : c'est vert donc, c'est faux. Cette fonction de désinformation leur a fait perdre le peu de crédibilité morale qui leur restait. Si le dispositif chaotique se définit toujours négativement, ceux qui justifient l'ingérence humanitaire *ne sont plus des médecins*, mais de simples agents des services secrets.

En Afghanistan, revendiquant son droit d'ingérence, dont il a lui-même établi le principe, le complexe militaro-industriel a jeté le masque : lorsqu'il bombarde *officieusement* des civils, il parachute *officiellement* des médicaments et des rations de survie.

Sur un mode terroriste, le FMI, la Banque mondiale, l'OCDE, l'OMC détournent à leur profit la contradiction que les faits imposent à leur hégémonie. Ils organisent par exemple de pseudo-débats internationaux, ils mettent en scène des conflits d'idées, où les intervenants expriment invariablement la même soumission. En supprimant la contradiction inhérente à l'échange verbal ou littéraire, en développant une post-logique qui fonctionne toujours sur la rumeur de l'instant et non sur l'analyse historique du présent, les stratèges de la société du chaos cherchent à falsifier tout aussi bien le passé que le présent. L'histoire événementielle qu'ils mettent en scène quotidiennement s'est détachée du réel. Plus elle est mensongère, plus elle s'affiche comme l'unique vérité.

Lorsque les stratèges de la société du chaos imposent au monde entier l'ignominie d'un "plan social" pour couvrir une vague de licenciements, ils séparent habilement le réel de sa représentation. Ce qui est représenté n'a plus de valeur objective. Le licenciement collectif et son inhumanité sont escamotés :

la réelle misère matérielle des hommes est gommée. Dans la formulation de "plan social" domine l'idée volontairement floue de dimension sociale et d'humanité : l'idée qu'une pensée pragmatique mais généreuse a dicté le licenciement. Une injustice commise au seul nom du profit tente de passer pour une décision humaniste, prise à contrecœur pour le bien du plus grand nombre. L'homme qui perd son emploi par la faute d'un "plan social" confirme négativement l'existence d'une question sociale. Mais le choix idéologique de "plan social", au lieu de "plan de licenciements", entérine une question sociale *résolue par le licenciement*. Dans la post-logique, c'est pour éviter la question sociale, qu'on parle de "plan social" et non de licenciement. La terminologie choisie *avec soin* a évacué le conflit.

La pensée stratégique qui fonde la post-logique ne cherche pas à établir une corrélation objective entre les faits, mais à brouiller systématiquement leur lisibilité. Elle garde sa cohérence pour ses maîtres. L'obscurité qui entoure les organismes supranationaux et leurs décisions favorise le travail des nouveaux stratèges de la société du chaos.

Ces organismes qui n'ont pas de frontières et se jouent des Etats craignent cependant un retour du politique. Ils organisent donc, selon un dispositif chaotique, des simulacres de putsch (l'AMI) qui leur permettent de programmer une plus totale prise de pouvoir.

Rupture dialectique : si, depuis Ducasse, nous savons que c'est à la forme et non au fond que doit s'attaquer la critique, nous ne devons jamais perdre de vue, qu'en s'attaquant à la forme, les spécialistes de la société du chaos ont escamoté le fond. Le double renversement qu'implique ce constat est l'affaire d'une génération.

VII. DE L'ART

LA victoire de la post-logique qui subordonne le futur à l'entretien d'un passé toujours meilleur se manifeste tout particulièrement dans le milieu de l'art dit moderne. Cette victoire s'organise sous les formes contradictoires mais solidaires de l'affectivité ou du culte des décombres. Cet art qui ne s'interroge jamais sur l'impasse qui est la sienne a toutes les complaisances pour mettre en scène le spectacle tel qu'il se donne à comprendre : il systématise la négation autocritique de l'Etre. Mais sa mise en scène est toujours moins barbare que le réel. Comme l'a déclaré, à plusieurs reprises, la vidéaste conceptuelle américaine Dara Birnbaum : "J'ai toujours cru que le réel était subordonné aux images, que les images dominaient le réel et lui conféraient une nature fictive. Et j'ai travaillé dans ce sens. Je regardais la télé et j'ai assisté au second crash en direct. Je me suis dit, c'est la télé qui en rajoute, et, vivant près des tours du World Trade Center, je suis sortie pour voir confirmer mon intuition. Dehors, l'horreur était sans nom. De la rue, l'image était encore plus intense, plus féroce, et bien plus terrifiante. Toutes les idéalisations que j'avais formulées sur la télé ont été altérées. L'image télévisuelle est apparue plus plate que la réalité brutale, remettant ainsi en cause le sens de ma production artistique de ces vingt dernières années."

La répétition qui domine l'art contemporain est le signe de la faillite idéologique du culte du progrès. La réduction de la modernité à la contemplation du passé a épuisé la production artistique et lui a retiré son élan vital. Selon les termes d'Eugenio d'Ors, mais non leur contexte, on peut dire que ce temps est dominé par un *classicisme stérile*, dont la figure imposée de “l'installation” serait le symbole. Puisque le futur – comme pratique de l'utopie –, n'est plus le centre en devenir de la création artistique, puisque le passage du temps ne suscite plus de transgression, le désir de créer se heurte au vide engendré par la systématique autocritique. Si artistiquement tout se répète, c'est que la conscience contemporaine porte le deuil de son avenir. Elle se croit sans futur. Son présent a ruiné l'idée de son progrès.

La critique artistique du progrès parlait encore le langage de l'avenir : elle le critiquait pour l'amender. Ses lendemains chantaient, même si, parfois, l'angoisse perçait. La faillite de cet idéal a induit un résultat pervers : l'activité créatrice s'est trouvée brutalement confrontée à l'absence de futur. La quête de sens qui la portait toujours au-delà d'elle-même, vers un avenir imaginaire, s'est retournée : le passé est devenu son seul objet. La domination achevée du spectacle est contemporaine du musée imaginaire de Malraux. Pour la première fois, la mémoire artistique n'est plus porteuse de nouveautés. Elle devient son propre objet esthétique. Le rapprochement des œuvres est envisagé comme forme d'art : le règne de la citation et du fragment commence. La pensée fragmentaire, comme critique ou entretien des formes de représentations de ce monde, assure pareillement la domination hégémonique du détournement dans la théorie et dans l'art.

Ce temps subordonne le présent à une critique sans avenir du passé. Cette critique hybride n'est au mieux qu'un vaste système de métaphores référentielles. On le constate tout particulièrement dans le cinéma, où la mise en abyme a occulté la forme narrative au point de s'y substituer. *Ce qui a été* a envahi *ce qui sera*. La modernité est réduite à l'agencement du préexistant. Cette prééminence du passé sur le présent s'organisera toujours sous une forme affective. Ce passé sera glorifié, falsifié, recomposé dans un mouvement en boucle qui, en niant le présent, renonce à interroger le futur. On peut mesurer cette faillite du futur au discrédit de la science-fiction contemporaine : la pseudo-critique qui pérore sur le cyberespace et se croit supérieure en méprisant *Matrix* ignore délibérément l'implacable critique sociale contenue dans le *Neuromancien* de William Gibson.

Le génie de Stanley Kubrick est d'avoir œuvré, seul en son temps (comme cinéaste de grande audience), à l'inverse de cette tendance générale. Ses deux derniers films, qui mettent en scène l'émergence de la société chaotique et d'un nouvel ordre féodal sont des contributions uniques à l'intelligence de notre temps. Ils ont été *sous-estimés, car incompris*. A l'inverse des pseudo-critiques, Stanley Kubrick fut *aussi* un grand philosophe.

VIII. DU RÉVISIONNISME HISTORIQUE

LA mission du révisionnisme historique est de dissimuler et de falsifier l'histoire des mouvements de résistance qui se sont de tout temps opposés à la barbarie. Derrière cette révision se profile une volonté de démobilisation. Ce sont les traces laissées dans la mémoire des hommes par la résistance à la tyrannie que le révisionnisme contemporain tente d'effacer en privatisant l'espace du débat public. S'il ne parvient pas toujours à remettre en cause ces résistances, il cherchera par tous les moyens de la désinformation à les dénigrer et à en contester l'intégrité. La prétendue vérité qu'il décode, au sens *très précis du Service secret*, fera l'apologie de la passivité et de la servilité. Les rumeurs sur le passé d'Orwell participent de ces mensonges performants : plus ils sont gros, plus ils sont admis. Et le démenti éventuel ne modifiera en rien l'effet durable de la rumeur, car la gestion même du démenti médiatique l'entretiendra. Lorsque le révisionniste stigmatise "la Terreur" pendant la Révolution Française, et escamote "la Semaine Sanglante" qui conclut dramatiquement la Commune de Paris, il vise à nier la modernité des aspirations révolutionnaires au changement.

Le révisionnisme, dont les grands spécialistes sont les *agents* universitaires américains – ce qui ne surprendra personne –, cherche par tous les moyens à dissimuler que tant de citoyens, de compagnons ou de camarades sont morts pour une idée *certaine* de la démocratie ; à discréditer l'acquis historique de leurs victoires ; à dévaloriser l'inachèvement de leur projet : le rêve, éternellement fait et défait, d'une société antiautoritaire où la raison abolirait simultanément la barbarie marchande et l'obscurantisme religieux.

Le révisionnisme historique, qui confond l'histoire des hommes avec celle du libéralisme économique, impose ce dernier comme un système insurpassable. Dans une même volonté de nier la contradiction historique il tente, sous couvert d'une fausse neutralité bienveillante, d'imposer le choix politique comme une pratique honteuse et solitaire. Au nom d'un respect déclaré de la vie privée du citoyen, le droit de vote est ravalé, comme la prostitution, au rang de pratique honteuse. Cette glauque survalorisation de l'intimité que le révisionnisme historique sait bien dispenser est d'autant plus crapuleuse et mensongère que les lois qui protégeaient la vie privée du citoyen sont aujourd'hui *définitivement abrogées*.

Notre époque répond à l'adage réactionnaire qui déclare que les goûts et les couleurs ne se discutent pas. Le renoncement au jugement et au point de vue est la marque de la post-logique, qui définit son principe idéologique sur un gel de l'histoire. Cette glaciation de la temporalité et du mouvement contradictoire qui la fonde fonctionne exclusivement sur la répétition et la surenchère d'images. Ce travail si particulier est celui du médiatique. Il traite un sujet à la fois et un nouveau sujet chasse l'autre. Mais ce nouveau sujet n'est souvent que le sujet précédent, déjà oublié, et reformulé avec une infime variation. Cette parcellarisation des sujets et de leur fonction unitaire rattache cette spécialité au fondement même du mensonge religieux. La contradiction dialectique lui est inconnue, et une esthétique de l'affectivité dissimule sa servilité.

La quête de vérité, comme celle de l'amour, aime se tenir dans le monde mais à l'écart de la mondanité. Nietzsche signalait déjà qu'il était toujours préférable d'être à la périphérie de ce qui monte, qu'au centre de ce qui s'effondre. A l'inverse du médiatique, la critique radicale a besoin de distance. Pour elle, la subordination du médiatique à l'événement le disqualifie. Pour le médiatique, il existe un premier sujet concernant les "nouveaux comportements amoureux", et un second traitant de "la question de l'Islam". La nécessaire liaison logique et conflictuelle qu'établira la critique radicale entre la quête amoureuse et l'obscurantisme islamiste apparaîtra au médiatique comme une perte du raisonnement logique, alors même que la pensée logique fonctionne sur le rapprochement et l'interpolation.

En renonçant à critiquer le monde pour le changer, le révisionniste historique et le médiatique ont renoncé à l'objet et au sujet même de la critique. A ce stade de la compromission, il s'agit d'une trahison.

IX. DE L'OBSCURANTISME ET DE LA LAÏCITÉ

L'OBSCURANTISME engendré par le développement du féodalisme domine tout autant la vie des sociétés industrialisées que celles du Tiers-Monde. Il est l'un des signes du changement dans la domination marchande. L'obscurantisme flatte les instincts les plus primitifs. Il produit des clans, des castes, des tribus, dont l'appauvrissement lexical va de pair avec l'arrogance et la brutalité les plus primitives. Ces dernières décennies un nouveau *mur de la honte* a été élevé qui, dorénavant, isole du savoir les exclus de la société du chaos. Par un usage rationnel des techniques d'abaissement de la conscience critique, la nouvelle féodalité s'est assurée le contrôle et le développement impérialiste du savoir. Elle a dévalorisé l'enseignement, assujetti les études supérieures à la domination marchande, privatisé la recherche scientifique et rendu la science inaccessible, même aux "philosophes" de la pseudo-critique. Son plus grand succès n'est pas d'avoir rendu le savoir inaccessible au plus grand nombre, mais d'avoir imposé l'idéologie d'un monde où le savoir serait *superflu.* Plus il est superflu, plus les constructeurs informatiques augmentent la mémoire vive des ordinateurs. Ce qui est devenu universellement accessible est précisément ce qui n'est plus recherché. On mesurera l'incroyable bouleversement socioculturel d'un tel succès à l'apparition sur le devant de la scène médiatique d'une nouvelle race de contrôleurs spectaculaires [1] dont la

1. Ces contrôleurs ont un trait commun : leur profession est un leurre qui n'existe que dans l'univers médiatique. Ainsi en est-il des chronopédiatres qui garantissent la valeur scientifique d'une modélisation des rythmes scolaires liés à la marchandise touristique ; des neurodiététiciens qui informent l'opinion qu'une trop grande suspicion envers leur alimentation est signe d'un dérèglement mental ; des sociobiologistes qui nous certifient que si les choses sont ainsi c'est qu'elles sont génétiques ; des virologues d'élevage qui prouvent scientifiquement que les mutations virales ont toujours existé, que le pire est à venir, mais que les retombées de la dictature marchande n'y sont pour rien.

double nature des propos les rattachent à la tradition des prêtres guerriers : lorsqu'ils discourent sur la science, ils prononcent toujours une *fatwâ*. Et l'accessibilité n'étant pas ce qui inspire le désir de la connaissance, mais la confrontation, c'est cette dernière que la *fatwâ* condamne.

Toute quête spirituelle trouve en elle-même sa justification. Elle exprime, dans le mouvement d'angoisse et d'apaisement qu'elle suscite, la relation de l'être humain à l'infini et à la mort. Son interrogation est celle du sens à donner au passage de la vie dans le temps. Elle ne devient dangereuse qu'en imposant à la collectivité un sens spécifique et unilatéral sous forme de dogme religieux. C'est cette volonté impérialiste sous-jacente qui doit limiter à la sphère privée la quête spirituelle quand elle s'objectivise sous une forme religieuse. On peut dire de la critique des religions qu'elle est l'expression d'un agnosticisme radical qui récuse tous les systèmes idéologiques religieux. Elle récuse tout autant l'idéologie matérialiste et bornée de l'athéisme, pour qui la religion de la nature est plus souvent son exploitation forcenée que son respect. C'est parce que cet agnosticisme radical a enrichi sa propre critique, en y intégrant les quêtes spirituelles et métaphysiques, qu'il peut dénoncer certaines dérives spiritualistes qui ne sont, le plus souvent, que le "cheval de Troie" de l'oppression religieuse. Il sait que céder sur ce point, c'est céder sur tout.

En équilibrant la construction d'une église par celle d'une mosquée, on favorise inévitablement la montée en puissance des intégrismes, qui n'ont pas vraiment besoin de cet argent laïc-là pour les édifier, mais qui savent qu'en l'obtenant, ils détruisent encore un peu plus la légitimité de cet Etat laïc. On tolérera le foulard islamique ; on finira par accepter, au nom de la différence, que des écoles américaines interdisent l'enseignement des thèses évolutionnistes. On acceptera, au nom de la tolérance, que de jeunes musulmanes ne participent plus à des cours de gymnastique ou de sciences naturelles ; on finira par imposer, dans les classes, des moniteurs de télévision vantant les mérites des *burgers* et des boissons gazeuses à des enfants ne sachant plus différencier ce mensonge-là du programme pédagogique qui suivra.

Lorsque, dans son effondrement, l'Etat n'est plus capable de résister à l'enseignement privé, lorsqu'il laisse la marchandise et le monétarisme envahir le savoir et sa communication, lorsqu'il renonce à la mission laïque et égalitaire de l'école, lorsqu'il dévalorise la fonction enseignante au point d'en faire un simple gardiennage, comment s'étonner que les signes religieux d'un Islam primitif, tristes annonciateurs d'un retour *programmé* de *tous* les intégrismes, envahissent les écoles.

Partout où ils luttent pour la liberté, les antimondialistes [1] doivent contraindre l'Etat,

1. L'antimondialisme représente aujourd'hui une alternative réformiste ou révolutionnaire à la domination marchande. L'extrême diversité de ses tendances, souvent antagonistes, peut se résumer ainsi : certains veulent purifier la marchandise, d'autres la supprimer. Pareillement, si certains antimondialistes se rapprochent de la pseudo-critique, et si d'autres n'ont toujours pas dépassé le stade du gauchisme bureaucratique, le plus grand nombre tente d'expérimenter de nouvelles formes organisationnelles. Conscient de cette modernité, j'ai tenu à définir comme antimondialiste le mouvement de

les collectivités locales et les organisations non-gouvernementales à se désengager du religieux et de la marchandise fétichiste, et non comme le proclament les naïfs de "gauche", accepter les valeurs de la réaction intégriste ou marchande pour entretenir la paix sociale. Rappelez-vous Daladier s'écriant : "Les cons !" en voyant la foule l'acclamer à sa descente d'avion après Munich. S'aveugler sur la montée des périls est une attitude suicidaire. L'histoire s'écrit rarement en faveur des hommes et des femmes, mais le plus souvent contre eux. Seule une lucidité armée peut infléchir, et parfois changer, son cours. Il s'agit aujourd'hui d'être intransigeant sur les acquis culturels et sociaux qu'ont légués, au fil de leurs combats, des générations de révolutionnaires, et, tout particulièrement, dans le contexte contemporain, sur l'égalité des sexes. La paix des cultes ne peut se faire au détriment des femmes. Ce qu'elles ont conquis de haute lutte n'est pas négociable. Quand, sur cette

contestation du modèle marchand, même si je déplore le caractère défensif du terme choisi, au regard de celui, bien plus opératoire, d'internationalisme prolétarien.

question centrale, la pseudo-critique ose parler d'une campagne raciste de dénigrement envers l'Islam, et évoquer le respect des cultures, et le droit à la différence, elle ne fait pas que mentir, elle est criminelle [1]. Elle rappelle les pires égarements de la génération sacrifiée de Weimar.

L'écrivain algérien Boualem Sansal a écrit : "[…] Le monde musulman est gravement malade. Faute d'*ijtihad* (la quête de la connaissance), l'islam est en total décalage avec le temps. […] Le mépris de la femme a des centaines de versets à sa disposition pour se nourrir et grandir. Les amateurs de *djihad* y trouvent comme dans un self-service tout ce dont ils ont besoin pour jouer les kamikazes et prendre pied au paradis. […] On brûle, on lapide, on lynche, on égorge. Des dizaines de femmes ont subi ce châtiment en Algérie ces derniers mois, après que M. Bouteflika eut dans un de ses fameux discours vilipendé

1. Dans le Coran, dont l'édition dépasse souvent les mille pages, les versets relatifs aux femmes occupent peu de place : ils ont suffi pour réduire les femmes en esclavage.

les filles qui fument en public et portent la minijupe. [...] Dire islamisme pour désigner l'islam politique est une dérobade. L'islam est par définition *din oua dounya*, c'est-à-dire religion et société. Les voix autorisées n'arrêtent pas de le rappeler, de le clamer dans les mosquées et à travers les écrans de télévision. Il est une conception globale du monde, ici-bas et là-haut, sans frontière aucune. Totalitaire, dirait-on, ou absolutiste. Il n'y a pas des musulmans d'un côté et des islamistes de l'autre, il y a des musulmans engagés dans l'effort d'*ijtihad* et des musulmans qui s'y refusent sans discussion aucune. [...]" *Les Inrockuptibles*, n° 306, du 25 septembre au 1er octobre 2001.

X. DU NOUVEL ORDRE MORAL ET DE SA DICTATURE

LA société qui distribue la marchandise pornographique pour mieux masquer sa nature liberticide est essentiellement normative. Ce qu'elle accorde dissimule toujours ce qu'elle condamne et calomnie. Par essence, la marchandise pornographique, comme la religion, est autoritaire ; les hommes comme les femmes (et les femmes davantage que les hommes) ne sont que des denrées périssables et sans valeur intrinsèque. Alors que l'érotisation du monde était une insurrection contre la norme et les dogmes religieux, le négoce pornographique ne se distingue pas du fétichisme marchand, il fait appel au ressentiment et à la honte. Sur les plateaux télévisés, où les vedettes des films X emboîtent le pas aux campagnes caritatives, les agents médiatiques de la marchandise sexuelle ont organisé une campagne de dénigrement de l'amour, comme plus généralement de la passion ou de l'engagement. Une génération sacrifiée se voit ainsi reprocher non seulement de n'avoir ni projets ni utopies, mais de ne plus être sexuellement aux normes. Ceux qui veulent imposer au plus grand nombre la taille des pénis et des seins sont proches, par l'esprit comme par la manière, de ceux qui aiment à penser que toute la France a été collaborationniste.

Le développement de la marchandise pornographique et la condamnation de l'insurrection érotique sont les signes d'une victoire de l'intégrisme, pour qui une femme manifestant la primauté de son désir, n'est qu'une salope ou un trou à combler. La dévalorisation intégriste de la femme se donne à voir dans le commerce pornographique : il n'est pas question de sentiment, mais de pouvoir. Ce qui s'exprime toujours c'est l'exclusion fasciste.

La pseudo-critique, qui n'a de cesse de mettre à mal l'amour fou, la subversion érotique ; qui cherche à imposer par l'avalanche sa vision normative d'une sexualité multiple ; qui discute sur le bien-fondé d'une parenté manipulée génétiquement ; qui pense être libre puisqu'elle peut critiquer (au sens cinématographique) les diverses productions de la marchandise pornographique, cette pseudo-critique ne sait pas qu'elle danse depuis de nombreuses années au-dessus de l'abîme, et que les libertés dont elle se targue ne sont que d'éphémères concessions. Elles sont le signe explicite d'un moment historique et localisé de la circulation marchande. Le temps de la marchandise obscurantiste venu, toutes ces libertés virtuelles seront supprimées.

Le retour à l'ordre moral est particulièrement visible dans la campagne occidentale contre la pédophilie. Si, dans un premier temps, on a pu croire à une victoire "citoyenne" de la "vertu sur le vice", il est très vite apparu que *ceux qui couvraient les vrais coupables* (selon la tradition des ballets roses ou bleus), fabriquaient de fausses preuves pour condamner des innocents. La nouvelle police recherchait des empreintes ; elle les a trouvées – caches, cookies ou historiques sur Internet –, comme elle savait découvrir très opportunément, il y a de cela quelques décennies, de la drogue chez un militant perquisitionné. Des listes de noms où l'on trouvait significativement une majorité d'enseignants et de travailleurs sociaux ont ainsi circulé dans la presse tabloïde anglaise, appliquant ainsi le principe du très vieux et très efficace adage : calomniez, calomniez, il en restera toujours quelque chose. Cette campagne "blanche" fut tout sauf innocente. Derrière de nombreuses organisations se réclamant de la protection de l'enfance s'est profilé un intégrisme chrétien de triste mémoire, dévoilé par ses appels permanents à la censure artistique. Ces intégristes-là, *n'étaient pas* les producteurs du modèle chaotique de cette mise en scène, mais ses exécuteurs zélés.

XI. DE LA GUERRE ET DE LA RÉSISTANCE GÉNÉRALISÉES

ON ne sera pas étonné que la pseudo-critique, qui calomnie si souvent le mouvement des antimondialistes, éprouve pour la violence des "cités" une attirance fort suspecte : elle trouve là, dans la lecture unilatérale qu'elle en donne, une justification à son travail de démobilisation. Elle cherche à *étendre son rejet* à toutes les formes de contestation du monde marchand. On sera plus surpris de voir la tendance radicale des antimondialistes éprouver une fascination romantique pour cette violence, comme plus généralement pour la délinquance. Il semblerait que l'histoire des luttes prolétariennes des deux derniers siècles n'ait pas appris à certains qu'une violence sans emploi et une délinquance bien maîtrisée pouvaient servir en temps d'instabilité sociale les forces de la répression. En ces temps de post-logique, on en viendrait à douter qu'une critique marxiste et libertaire du lumpenprolétariat ait été formulée en son temps.

La violence des "cités" est d'abord la réaction spontanée à une exploitation inhumaine, mais c'est rarement le signe d'une révolte consciente et organisée. Si la critique d'ultra-gauche parle avec raison d'une réponse justifiée à l'exploitation marchande, à la provocation policière et au racisme ordinaire, elle refuse d'analyser *le mode de production de cette violence* et la nature des relations qui unissent ses auteurs. En la légitimant a priori, elle la banalise, et d'une certaine façon la condamne. Car, ce qui échappe à sa critique est très précisément ce qui pourrait rendre cette violence consciente et organisée : ce qu'elle ne critique pas, c'est la part d'aliénation et de barbarie que cette violence développe et qui la sépare de la révolte. En renonçant à la critique, leurs auteurs renoncent aussi à la *modernité*. Ce qui est brûlé est souvent ce qu'on ne peut posséder et non ce que l'on condamne, à l'inverse d'une conscience de classe qui présuppose, tout au contraire, une critique radicale du modèle marchand et de ses valeurs. Cette violence est le contre-pied strictement négatif de l'apologie marchande : un étalage inversé de l'idéologie machiste, du fric et de la frime.

La terrible misère sexuelle qu'induit la nature fétichiste s'y donne libre cours dans un langage qui rabaisse le rapport amoureux à un rapport de domination. “On sent dans leurs paroles qu'une femme, ça doit rester à la maison." Par un constat très simple, des jeunes filles des "cités" nous rappellent que la figure du grand frère est, jusqu'à la nausée, celle de l'interdit généralisé qu'elles subissent dans leurs familles, et de la permissivité *soumise* à laquelle ont droit leurs jeunes frères. En bravant les menaces, les sévices et la séquestration, en revendiquant leurs droits aux études et à l'amour libre, leurs flâneries en ville deviennent des actes de résistance.

La violence des "cités" reproduit fréquemment jusqu'à la caricature des comportements claniques et sexistes archaïques et dégradants qui sont utilisés quotidiennement par les médiatiques pour justifier un renforcement de l'appareil répressif. Une critique révolutionnaire bien trop timorée de ces comportements limite les perspectives de dépassement de cette violence. La position de victime expiatoire confère un statut inattaquable et élimine tout rapport critique collectif. Chaque violence est sans passé : chaque émeute est sans futur. On retrouve cette confusion théorique au sein même des organisations qui militent dans les "cités" : généralement leur critique du racisme et de l'inégalité économique fait l'économie d'une critique du sexisme et des religions. C'est cette faiblesse théorique qui favorise la persistance de comportements archaïques dans les "cités", et les rend par ailleurs totalement perméables aux provocations de toutes origines : des drogues dures à l'islamisme.

Les "cités" sont perméables à l'islamisme, comme le lumpenprolétariat du XIXe siècle l'était à la réaction capitaliste. C'est dans le lumpenprolétariat que le pouvoir a trouvé les agents zélés de ses opérations de police contre-révolutionnaire. C'est lui qui a alimenté les "syndicats jaunes", comme aujourd'hui il alimente, en Algérie, les islamistes. Face à ce danger, les courants de résistance qui s'organisent dans les "cités" doivent combattre simultanément l'idéologie marchande et le fanatisme religieux, en réaffirmant dans leur pratique quotidienne l'égalité absolue de l'homme et de la femme dans la lutte. Dans les "cités", toute revendication laïque doit être d'abord une revendication féministe.

Nous pouvons mesurer l'efficacité des dispositifs chaotiques à la gestion de la violence urbaine et son identification hâtive aux seules "cités". En limitant la violence urbaine aux "cités", en tant que boucs-émissaires sacrificiels, les stratèges de la société du chaos ont développé une paranoïa sécuritaire chronique dans le but d'intensifier les mesures liberticides. L'opacité de ce dispositif tient en ceci : *le pouvoir ne contrôle apparemment pas ce qu'il manipule pourtant concrètement.* La répression qu'il organise cache cette vérité inavouable : plus il met en scène une paranoïa sécuritaire chez le peuple, plus la crainte d'un pouvoir faible et d'une délinquance forte sera la garantie d'un renforcement de l'appareil répressif. Si l'économie a besoin de la peur du chômage pour faire taire les revendications salariales, le pouvoir féodal a besoin d'une réserve d'insécurité pour justifier la montée en puissance de sa politique liberticide. Aux Etats-Unis, les risques d'entropie de la société ont conduit les stratèges de la société du chaos à affronter *réellement* la délinquance. Mais "le sentiment" d'insécurité a persisté. Il a suffi que la crainte de l'attentat terroriste remplace la peur de l'agression. C'est le signe d'une triste ironie de l'histoire que ce passage d'une gestion chaotique et préméditée du terrorisme "blanc" (dont la mystérieuse diffusion de la bactéridie charbonneuse est le dernier avatar) à l'irruption brutale et imprévue (sur le sol américain) du terrorisme islamique.

En Occident, “la chute des tours” a renforcé les dispositifs répressifs en écartant, d'un revers de lois scélérates, les derniers signes de la légitimité élective. Au nom du terrorisme on autorise les fouilles des coffres de voiture, les perquisitions, la surveillance du courrier électronique, on généralise la vidéosurveillance, les fouilles à corps par les vigiles, pour mieux museler toute contestation. En habituant la population au quadrillage policier et militaire, en abolissant les droits au secret et à l'intimité, c'est l'état d'exception qui impose sa norme. Au nom de la lutte contre l'islamisme, ce sont les opposants à la terreur marchande et religieuse qui seront mis en fiches, puis réduits au silence. La lutte contre le terrorisme islamique nous place tous en garde à vue. Sur ce point, les marchandises intégristes sont solidaires : il faut faire taire, par tous les moyens, toute opposition radicale. Elles opèrent sur le modèle carcéral américain : on en prend pour deux ans, on en a pour toute une vie.

En prétextant une lutte contre le terrorisme islamique, c'est un arsenal répressif d'exception qui se met en place. Il ne vise qu'accessoirement les délinquants, et momentanément les islamistes, mais durablement les antimondialistes. C'est par crainte du retour planétaire d'*un nouvel internationalisme prolétarien* que des lois scélérates sont votées à la va-vite et en catimini. C'est une législation d'exception qui programme la répression des troubles des temps futurs.

Jusqu'ici, les pouvoirs occidentaux, pour justifier le durcissement de leurs techniques répressives, devaient s'en référer à la délinquance des “cités”, et préféraient s'en prendre aux rave-parties que mettre en cause le développement de l'islamisme dans les zones urbanisées. C'est que cette extension-là ne gênait en rien la logique de domination archaïque de la nouvelle féodalité. Bien plus, comme effet répulsif, elle participait à sa stratégie et favorisait le développement d'un “volant” de racisme. “La chute des tours” a accéléré quelques paramètres de post-logique : on sent davantage qu'au nom de la “croisade” contre le terrorisme, chaque fois qu'un médiatique aux ordres écrit *islamiste*, il ne peut s'empêcher de penser *antimondialiste*.

La publication de récents opuscules, où les révisionnistes historiques associent *toujours* la violence des terroristes islamistes et celle des antimondialistes le prouve. On a pu lire et entendre dernièrement ces étranges spécialistes suggérer que les techniques terroristes d'un Ben Laden étaient proches des pratiques anarchistes de la fin du XIXe siècle. C'est à cet acharnement que l'on mesure l'imperceptible basculement d'une répression de temps de paix à une répression de temps de guerre.

Dans les conflits qui viennent, les défenseurs de l'Islam évoqueront sans doute un racisme anti-islamique. A ce glissement sémantique, il n'y a qu'une réponse : l'Islam est une idéologie, au même titre que le capitalisme, le nazisme, l'hindouisme, ou le catholicisme. Or, il n'y a pas de racisme antinazi.

En s'attaquant au fondamentalisme religieux, les luttes de l'antimondialisation doivent être dominées par un antiracisme radical. Le combat implacable contre le fanatisme religieux doit être mené en solidarité avec ceux qui en subissent les ravages. La condamnation d'une idéologie religieuse redonne aux femmes et aux hommes qu'elle aliène leur statut, non plus de croyants, mais d'êtres humains. La violence faite aux immigrés et aux réfugiés est une violence faite à tous les hommes : elle ne supporte aucune excuse. Le ventre de la bête est toujours fécond.

Nous sommes les contemporains d'un monde qui s'effondre. Il danse au bord de l'abîme, et il s'y précipite : rien de plus effrayant qu'un naufrage annoncé, et rien de moins fascinant. L'étrange délectation de la pseudo-critique pour la décomposition m'est étrangère. Ce goût de cendre m'est inconnu ; cette fascination morbide me révulse. Je déteste profondément mon époque qui voit se perdre la confiance dans tout ce qui était humainement acquis.

Le mouvement de l'antimondialisation est à la recherche d'alliés, et cette recherche le fédère dans sa diversité. Certains discuteront de la justesse de la pratique du *Black Bloc*, comme d'autres s'interrogeront sans fin sur la relation qui unit le paysan indien et la Confédération paysanne. Les plus intransigeants pourront critiquer toutes les contradictions et toutes les insuffisances de ce mouvement, mais personne aujourd'hui ne peut *se sentir supérieur à lui*. Semblable en cela à la première Internationale, sa première victoire c'est son existence en actes. Les radicaux trouvent les réformistes trop complaisants avec l'idéologie républicaine de l'Etat ; les réformistes jugent toujours suspect le rapport à la violence des radicaux. Certains, dans leur protection activiste de l'état de nature, sont jugés par beaucoup comme réactionnaires, d'autres sont critiqués pour leur condamnation mesurée des OGM. Certains ne jurent que par un syndicalisme dépoussiéré, d'autres, récusant les risques bureaucratiques, ne tolèrent que des liaisons rhizomiques, éphémères et factuelles. Certains pensent qu'il est possible de purifier le marché, d'autres sont partisans d'une abolition de l'argent et de la marchandise. Certains hésitent, pour ne pas se couper d'une partie du peuple, à trancher de manière laïque la question religieuse, d'autres pensent que la question religieuse tranchera pour eux. Mais tous, dans leur diversité, leur originalité, tentent de définir, de façon plus ou moins libertaire, les termes d'un *nouveau contrat social*. Un “autre futur” dépend de leur capacité à mener à bien cette tâche. La résistance au chaos se fera collectivement par l'unification des fragments, et par la fédération des formes auto-organisées. Ce sera le travail de plusieurs générations. Aujourd'hui, il est inutile de s'interroger sur un goût collectif pour la liberté : la résistance au chaos l'impose.

Je remercie Alain, Andreïna, Azucena, François, Guy-Claude, Jean-Pierre, pour leurs conseils et leur aide.

TABLE

I. DU CALENDRIER 9
II. DU FÉTICHISME 11
III. DES RELIGIONS ET DE LEUR CRITIQUE .. 22
IV. DE LA PSEUDO-CRITIQUE EN AMÉRIQUE . 25
V. DU CHAOS ET DE LA FÉODALITÉ 33
VI. DES NOUVELLES FORMES DU LANGAGE ET DU MENSONGE 57
VII. DE L'ART 62
VIII. DU RÉVISIONNISME HISTORIQUE 66
IX. DE L'OBSCURANTISME ET DE LA LAÏCITÉ 70
X. DU NOUVEL ORDRE MORAL ET DE SA DICTATURE 77
XI. DE LA GUERRE ET DE LA RÉSISTANCE GÉNÉRALISÉES 81

ACHEVÉ D'IMPRIMER EN AOÛT 2002
SUR LES PRESSES
DE L'IMPRIMERIE SAGIM À COURTRY
POUR LE COMPTE DES ÉDITIONS ALLIA

ISBN : 2-84485-100-2
DÉPÔT LÉGAL : AOÛT 2002

214,11
24,47

238,58

De leur donner de visibilité de la détresse ou, si l'on veut et cela revient au même, de les rendre spectaculaires par leur néo-primitivisme